W0229369

So gut ist
Mohn

MONIKA KIPFELSBERGER
ROSEMARIE NEUWIESINGER

So gut ist Mohn

Genuss und Tradition aus dem Waldviertel

DAS GROSSE KLEINE BUCH 52

Inhalt

—◆—

Vorwort

Bei Mohn denkt man heutzutage in erster Linie an den allerorts wachsenden Klatschmohn, wobei dieser eigentlich Saatunkraut ist. Den Speisemohn, der landwirtschaftlich angebaut wird, kennt man vor allem als Kuchenfüllung oder Backwarendekoration. Wer sich jedoch näher mit dem Mohn befasst, erkennt, welch vielfältigen Eigenschaften er besitzt, welch wichtige Bedeutung diese Pflanze in der Geschichte bereits hatte, und am wichtigsten, welch leckere Gerichte – süße und herzhafte – man damit herstellen kann. Im kleinen Dorf Armschlag – es nennt sich nach einer Idee von Mohnwirt Johann Neuwiesinger seit 1989 Mohndorf – erstrahlen Mitte Juli die blühenden Felder ringsum lila, kräftig rot oder weiß und zart rosa gestreift. Die Landwirte haben Speisemohn ausgesät, und die Felder blühen nun wieder wie in früheren Zeiten. Den ungewohnten Anblick wählen viele Besucher als Ziel ihrer Ausflüge. Was über Jahrhunderte hinweg als normale Landschaft galt, ist heutzutage ein Spektakel. Man erkennt daran, wie fremd diese alte Kulturpflanze mittlerweile geworden ist.

Die Schönheit des Dorfes Armschlag und seine Umgebung mit den Getreide- und Mohnfeldern pries Ignaz Rosenmayer, der Besitzer des Gasthauses Armschlag 9, in dem folgenden Gedicht, das er um 1880 geschrieben hat.

Armschlag

I woaß an Wald
mit hochi Fichten
und große Tonnabam.
A Dorf gar kloan und liab
und friedli,
dös liegt am Wald sein Sam.

Ans Deaferl grenzen
frische Acker,
mit Troad und Mog'n
und Hoar,
und zwischen Acker
greana Wiesgrund
mit Bleamal wunderbar.

A lustig's Bacherl rinnt
durch's Deafal,

und treibt a Mühlarad,
und in der Mühlstub'n
nebna Bachal,
da kloppats fruah und spot.

Am oban Dorfend
nebna Hohlweg,
da steht mein Votahaus,
dös schaut von außen
friedli freundli,
und drinat hoamli aus.

Im Votahaus da han i g'funden,
die reinste Seligkeit,
in Dorf, in Wald, am Feld,
am Bachal,
als Kind die größte Freud.

Und Nazn-Karl hams
mi gruafa,
vom Dorf die guat'n Leut,
solang i Nazn-Karl
g'hoaßen,
hot dauert mein
schönste Zeit.

Vom Deaferl hon i
muaßten scheiden,
bin kema in a Stadt,
es hat ma blüaht in
fremden Ländarn,
viel Glück und
größte Not.

Ans liabe Votahaus
am Hohlweg,
und d'schöne Kinderzeit,

ans Deaferl hon
i denkt Tag tägli,
in Schmerz und a in Freud.

Und tua i hiazt
ans Deaferl denka,
so wird mein Herz
gar trüab,
denn Hoamat derf's i
nima nenna,
den Ort so traut so liab.

Und bin i glei für's Dorf
a Fremda,
i liab sei Sprach,
sein G'sang,
o Armschlag, du schönstes
Dorf auf Erden,
i liab di lebenslang.

Geschichte
des Mohns

Die Mohnpflanze wurde vermutlich das erste Mal in Mesopotamien – dem heutigen Syrien und Irak – angebaut. Jedoch wurde nicht der bekannte Schlafmohn (papaver somniferum) mit seiner runden Kapselform angebaut, sondern ein wilder Borstenmohn (papaver setigerum) mit länglicher Kapselform, der die Urform des Schlafmohns ist.

Erste Funde von Mohnsamen gibt es im gesamten westlichen europäischen Raum. Diese Funde stammen bereits aus der Jungsteinzeit ca. 4.600 bis 3.800 v. Chr. Aber auch in Kreta, Zypern und in Griechenland gibt es aus der Bronzezeit (2.200 bis 800 v. Chr.) bemerkenswerte Funde. Es wurde eine Mohngöttin aus Ton gefunden, die am Kopf angeritzte Mohnkapseln trägt und die ihre Augen – aufgrund der betäubenden Wirkung des Mohns – geschlossen hat.

Im Griechenland des Altertums war die Stadt Mekone als Anbau- und Handelszentrum des Mohns bekannt. Daher ist der Begriff „mekone" sowohl die griechische Bezeichnung für Mohn als auch in der abgeänderten Form „mekonium" der Begriff für ein Extrakt bestehend aus den Stängeln, den Blättern und der Fruchtkapsel des Mohns.

Vielerorts wurde Mohn als Schlaf- und Schmerzmittel verwendet. Die Römer bereiteten etwa aus Eisenhut, Schierling und Mohn eine Tinktur, mit der (Selbst-)Morde, aber auch Sterbehilfe durchgeführt werden konnte. Von den Assyrern wurde der Begriff „Pflanze der Freude" verwendet, die Araber dagegen bezeichneten den Mohn „Abou-el-noum" – „Vater des Schlafes".

Aber nicht nur als Arzneimittel war Mohn bekannt, die fett- und nährstoffreiche Frucht wurde auch als Lebensmittel verwendet. Die Römer aßen einen Weizenmehlbrei mit Mohnsamen und Früchten, der als Nationalgericht unter dem Namen „Puls" bekannt war.

Im Übergang von der ausgehenden Antike zum Frühmittelalter reduzierte sich der Anbau von Mohn aufgrund des mächtig werdenden Christentums, dessen Vertreter dieser Pflanze misstrauisch gegenüberstanden. Daher erlaubte Papst Leo der Große (400–461) die Verwendung von Mohn nur noch für medizinische Zwecke. Erst unter Kaiser Karl dem Großen (748–814) wurde Mohn wieder vermehrt angebaut, da dieser eine Liste mit allen bekannten Pflanzen – darunter auch der Mohn – und deren Wirkungen für Körper und Geist erstellte.

Die berauschende Wirkung des Schlafmohns beherrschte das politische Geschehen der frühen Neuzeit: Da die Chinesen bereits sehr bald Mohn als Rauschdroge entdeckten, wurde China im 18. Jahrhundert zunächst hauptsächlich von Portugal und den Niederlanden mit Opium versorgt, das in Westindien und Bengalen angebaut wurde. Als Gegenleistung lieferte China die begehrten Waren Porzellan, Seide und Tee nach Europa. Da sich der Tee bei den Engländern so großer Beliebtheit erfreute, musste England bald zusätzlich mit Silber bezahlen. Um dem entgegenzuwirken, bauten die Engländer große Mengen an Opium in Bengalen an, nachdem dieses in ihren Besitz gekommen war. Trotz offiziell bestehendem chinesischen Opiumhandelsverbots stieg aufgrund der englischen Importe Anfang des 19. Jahrhunderts der Konsum innerhalb weniger Jahre um das Fünffache an. Da die chinesische Gesellschaft durch das Rauschgift sehr geschwächt war, musste China handeln: 1839 verbot es Opiumhandel und warf Tonnen von Opium ins Meer. Daraufhin entsandte England ohne offizielle Kriegserklärung seinen Flottenverband nach China, und der erste von zwei Opiumkriegen wurde entfacht.

In der Zeit des deutschen Nationalsozialismus wurde der Anbau von Mohn gefördert, vor allem nach Ausbruch des Zweiten Weltkriegs: 1942 musste der gesamte gewerblich angebaute Mohn zur Ölgewinnung abgegeben werden. Es war verboten, Mohn zum Backen oder Kochen zu verwenden. Daher hieß damals im Waldviertel der heimlich gebackene Mohnstrudel auch „Galgenstrudel".

Über alle Zeitepochen hinweg hatte der Mohn eine große abergläubische Bedeutung: Zum einen wird der Mohn aufgrund seiner zahlreichen Samen mit Reichtum, Gesundheit und Fruchtbarkeit in Verbindung gebracht. Zur Hochzeit geworfene Mohnsamen sollten daher die Fruchtbarkeit des Brautpaares erhöhen. Andererseits diente er zur Abwehr von bösen Geistern. Ein Aberglaube besagt, wenn man bösen Geistern Mohnsamen hinwirft, müssen diese die Körner zwanghaft zählen und können so ihre bösen Umtriebe nicht durchführen. Werden sie vor Mitternacht nicht fertig, können sie danach den Menschen nichts mehr anhaben. Beim Jahreswechsel sollen Mohngebäck und Mohnsamen im Geldbörsel Geldsegen bringen.

———

„ISST MAN AM NEUJAHRSTAG
MOHN ZUHAUS',
GEHT DAS GANZE JAHR
DAS GELD NICHT AUS."

———

Geschichte des Mohns
im Waldviertel

Im Waldviertel gibt es den Waldviertler Grau-, Blau- und Weißmohn, wobei der Waldviertler Graumohn als regionale Spezialität die geschützte Ursprungsbezeichnung „g. U." der EU trägt. Daher darf der Waldviertler Graumohn mit dem blau-gelben Logo nur aus den Bezirken Gmünd, Horn, Waidhofen/Thaya, Zwettl, Krems Land (nördlich der Donau) und Melk (nördlich der Donau) stammen.

Ins Waldviertel gekommen ist der Mohn durch die Klöster, die das daraus gewonnene Öl für Beleuchtungszwecke nutzten. Bis 1934 war der begehrte Mohn aus dem Waldviertel an der Londoner Börse notiert. Aufgrund der Importe aus Nahost und Osteuropa verlor er jedoch im Waldviertel nach seiner Blütezeit an Bedeutung.

Erst in den 80er-Jahren begann man wieder vermehrt, diesen anzubauen. Unterstützt wurde das durch den Verein zur Förderung der Sonderkulturen im Waldviertel. Heute werden jährlich bis zu 1.000 Hektar angebaut. Seinen guten Geschmack und seine Qualität verdankt der Mohn dem rauen Klima und dem ausgeprägten Taufall sowie den jahrelangen Anbauerfahrungen und gemeinschaftlichen Anbau- und Vermarktungsinitiativen im Waldviertel.

Klatschmohn und die Medizin

Die hustenstillende, mildernde und schweißtreibende Wirkung des Klatschmohns kann man beispielsweise bei Schnupfen, Lungenkatarrh, Bronchitis, Angina, Asthma, Keuchhusten, Fieberausbrüchen und Brustleiden nutzen.

- ❧ Tee: Einen Teelöffel getrockneter Blütenblätter in einer Tasse mit kochendem Wasser ziehen lassen. Löffelweise über den Tag verteilt wirkt der Tee bei harmlosen Schlafstörungen, Nervosität und nächtlichem Hustenreiz.

- ❧ Sirup: 200 Gramm getrocknete Kronblätter in einem Liter Wasser aufkochen und über Nacht ziehen lassen. Ein Kilo Zucker dazugeben. Einige Löffel von diesem Sirup in einen bruststärkenden Malven- oder Huflattichaufguss geben. Um Reizungen der Atemwege zu bekämpfen und um leichter einschlafen zu können, trinkt man mehrere Tassen am Tag.

- ❧ Mohnblütenöl: Zwei Handvoll frische Klatschmohnblüten in einem Liter kalt gepressten Olivenöl in ein großes verschließbares Glasgefäß einlegen. Die Klatschmohnblüten über einen Zeitraum von 2 bis 3 Wochen der Sonne aussetzen (mind. 90 – 130 Stunden). Das Gefäß während dieser Zeit öfter leicht schütteln. Das fertige Mohnblütenöl in dunklen Flaschen gut verschlossen und kühl aufbewahren. Das Mohnblütenöl hilft bei Gliederschmerzen, wirkt hustenlindernd und schlaffördernd.

Die Mohnpflanze und ihre verschiedenen Arten

❦

Die Mohnpflanze befruchtet sich mit ihren zahlreichen Samen selbst in der geschlossenen Kapsel. Die Kapsel kann länglich oder rund geformt und je nach Sorte unterschiedlich groß sein. Die Kapsel des Waldviertler Graumohns ist etwa fünf Zentimeter groß und gehört zur Kategorie des Schüttmohns (sehender Mohn). Schüttmohn hat Kapseln mit Löchern, sodass die Samen herausgeschüttelt werden können. Der Waldviertler Blau- und Weißmohn dagegen ist Schließmohn (blinder Mohn), bei dem die Kapsel dicht ist und die Samen nur mit Zerstörung der schützenden Kapsel geerntet werden können.

Wird der Samen gesät, wächst aus ihm eine einjährige Pflanze mit milchführenden und haarigen Stängeln. Die Pflanze besteht größtenteils aus giftigen Stoffen. Die Blüte besteht aus Blütenblättern und Kronenblättern sowie vielen Staubgefäßen. Die Blütenblätter duften nicht, lediglich die Kronenblätter verströmen einen angenehmen Duft. Es dauert etwa 12 bis 14 Stunden, bis die Blütenblätter aufgehen, anschließend blüht der Mohn einen Tag lang und wird daher Eintagsblume genannt.

Da sich der Mohn in der noch geschlossenen Kapsel selbst befruchtet, produziert er keinen Nektar. Bienen und andere Insekten fliegen den Mohn aufgrund seines Pollens trotzdem an. Daher kann es auch zu einer Fremdbefruchtung kommen. Nach der Blüte fallen die Blütenblätter ab und eine grüne Kapsel wird sichtbar, die mit der Zeit braun wird. Nach der Ernte wird die getrocknete Mohnkapsel sehr gerne für Dekorationszwecke verwendet.

Speisemohnsorten

- ☞ Der weiße Mohn (Berliner Mohn) gedeiht nur auf besonders gutem Boden, blüht in Weiß und Rosa und liefert weiße, sehr ölhaltige Körner von nussartigem Geschmack. In Österreich wird er selten angebaut.

- ☞ Der blaue Mohn blüht dunkelviolett und verlangt einen guten Mittelboden. Er gehört zur Sorte der blinden Mohngewächse. Die Samenkörner enthalten vorzügliches Öl. Auch blauer Mohn wird in Österreich selten angebaut.

- ☞ Der graue Mohn (Zwettler Mohn) punktet mit sehr hellen, am Grund rot-violett gefleckten Kronenblättern und hat entweder eine geschlossene oder unter der Narbe offene Samenkapsel. Er stellt keine besonders hohen Ansprüche an die Bodenbeschaffenheit. Darüber hinaus zeichnet er sich durch einen

sehr hohen Gehalt an mehrfach ungesättigten Fett-
säuren (Linolsäuren) und einen sehr hohen Gehalt an
Calcium und Kalium aus. Der Waldviertler Graumohn
hat einen sehr milden und feinen Geschmack.

Gartenmohnsorten

- Morgenländischer Mohn (papaver orientale)
  ist rauborstig, ausdauernd und hat große rote,
  schwarzgefleckte Blüten.

- Klatsch- oder Klappermohn (papaver rhoeas)
  ist Saatunkraut.

- Alpenmohn (papaver alpinum) wächst in Schuttboden
  in 1.900 bis 2.000 Meter Seehöhe und in Steingärten.
  Der staudige Alpenmohn blüht gelb, weiß oder orange.

Mohn im Jahreskreis: Anbau, Pflege, Ernte

Für den Mohnanbau eignen sich nur Böden in einem sehr guten Kulturzustand. In seiner sehr langsamen Jugendentwicklung ist der Mohn relativ unempfindlich, hat jedoch in der Hauptvegetationszeit hohe Wärmeansprüche. Die Bodenvorbereitung und die Saatbeetvorbereitung verlangen beim Mohnanbau große Sorgfalt.

Früher und auch teils heute noch gilt als beliebtester Termin zur Mohnaussaat der 17. März – der Tag der hl. Gertraud von Nivelles, die als Patronin der Garten- und Feldfrüchte gilt.

—•—

„ZUR GERTRAUD WIRD DER MOHN ANBAUT."

—•—

Man sagte, wenn an diesen Tagen ausgesät wird, so wende das die Gefahr des Reifes ab. Das Saatbeet soll feinkrümelig und tief gelockert sein; vorteilhaft sind unkrautfreie Feldstücke, wobei Spätfrostlagen gemieden werden sollten. Die Blütezeit des Mohns ist im Juli zwischen Heuen und Schnitt.

—•—

„WENN DER MOHN IN DER BLÜTE STEHT, SOLL ES NICHT BLITZEN, SONST GIBT ES EINE SCHLECHTE ERNTE."

—•—

So lautet ein alter Spruch. In der heutigen Zeit wird im Waldviertler Mohndorf am dritten Sonntag im Juli der Mohnblütensonntag gefeiert, da die Mohnblüte die Felder in ein wogendes weiß-lila-rotes Gemälde verwandelt.

Um eine gute Kapselqualität zu erhalten, ist eine trockene Erntewitterung die wichtigste Voraussetzung. Erntezeit ist Ende August bis Anfang September. Der sehende Mohn muss früher geerntet werden, um ein Verblasen durch den Wind zu vermeiden. Bei der Ernte war früher die ganze Familie beteiligt. Es wurden nur die Mohnkapseln ohne Stiel geerntet. War der Mohn trocken, konnte man ihn aufschneiden. Die aufgeschnittenen Kapseln wurden durch ein Feinsieb geleert, die Mohnsamen dann in luftdurchlässigen Leinensäckchen aufbewahrt. Luftdicht aufbewahrter Mohn wird „moschig" und somit ungenießbar.

Während der Mohn heute vor allem maschinell geerntet wird, wurde früher neben der Familie oft auch die Dorfjugend zu dieser Arbeit eingeladen. Bei diesen meist abendlichen Zusammenkünften ging es immer lustig her, es wurde gesungen und getanzt. In Armschlag wird die Tradition des Erntedankfestes in Form des Mohnkirtags am dritten Sonntag im September aufrechterhalten.

Mohn im Garten –
so säen Sie Mohnsamen richtig aus

Die Samen sind alle recht robust und dürfen ab Ende März direkt im Freien ausgesät werden. Mohnsamen sind Feinsamen, sie werden im Beet oft weggeweht oder weggespült. Daher empfiehlt sich die Aussaat in Plastiktöpfen mit einem Durchmesser von 10 bis 12 Zentimetern, um im ersten Jahr die Ausbeute zu erhöhen. In den Mohnkapseln stecken im Herbst dann einige tausend Körner, die Sie für das nächste Jahr reichlich ernten können.

Wenn Sie den Anbau der Pflanzen im Haus durchführen wollen, stellen Sie die Töpfe an einem sehr hellen Fenster auf, aber nicht über der warmen Heizung. Besser eignet sich ein ungeheizter Wintergarten oder ein Gewächshaus.

Für die Aussaat draußen stellen Sie die Töpfe geschützt nahe der Hauswand auf. Mohn-Keimlinge benötigen viel Licht, sonst wachsen sie auf der Suche danach zu schnell und kippen um. Die Keimung dauert zwischen 10 und 21 Tagen.

Wichtig: Mohn darf nie pikiert werden. Wenn Sie in Töpfe säen, dann lassen Sie den Mohn so lange darin wachsen, bis die Erdballen gut durchwurzelt sind. Anschließend pflanzen Sie den gesamten Topf-Erdballen an den eigentlichen Pflanzort um (Beet oder großer Kübel). Wenn man Mohn pikiert, wird er meist keine 30 Zentimeter hoch.

Außerdem ist zu beachten: Mohnsamen hassen Abdeckhauben, sie brauchen frische Luft, um zu keimen. Mohnkeimlinge „legen" sich nach dem Keimen auf den Boden, das ist normal und reguliert sich später wieder.

Rezepte

Mohnschöberlsuppe

ZUTATEN FÜR 4 PERSONEN

- 2 Eier
- 1 EL glattes Mehl
- 2 EL gemahlener Graumohn
- Salz, Petersilie und Schnittlauch

ZUBEREITUNG

Eier trennen. Eiklar zu Schnee schlagen, mit Dotter verrühren, Mehl und Graumohn unterheben, mit Salz, Petersilie und Schnittlauch würzen. Auf ein eingefettetes und mit Mehl bestäubtes Blech aufstreichen und 10 Minuten bei 180 Grad Heißluft backen. Stürzen, auskühlen lassen und in Rautenform schneiden. Mit klarer Rindssuppe und Schnittlauch servieren.

ᵂEISSMOHNSUPPE

ZUTATEN FÜR 4 PERSONEN

- 50 g Butter
- 1 mittelgroße Zwiebel
- 1 EL glattes Mehl
- 150 g Weißmohn
- ¾ l Rindssuppe
- ⅛ l Obers
- Salz, Pfeffer und Petersilie

ZUBEREITUNG

Butter zerlassen, die Zwiebel grob schneiden und anschwitzen lassen. Dann das Mehl unterrühren. Weißmohn beimengen und kurz mitrösten lassen. Mit der Rindssuppe aufgießen, salzen und pfeffern.

Etwa 5 Minuten aufkochen lassen.

1/8 l Obers beimengen und mit einem Mixstab pürieren und schaumig aufschlagen.

Mit Salz und Pfeffer abschmecken.

Zuletzt mit Petersilie bestreuen und anrichten.

MOHNKÄSESALAT

ZUTATEN FÜR 4 PERSONEN

- 200 g Mohnkäse
- 1 roter Apfel
- 50 g ausgelöste Walnüsse
- Blattsalat
- Essig (nach Wahl), Öl (eventuell Waldviertler Graumohnöl), Salz und etwas Zucker

ZUBEREITUNG

Mohnkäse und Apfel in kleine Würfel schneiden. Blattsalat mit Essig, Öl, Salz und etwas Zucker marinieren. Apfelstücke, Mohnkäse und Nüsse darüberstreuen und mit etwas Essig zusätzlich beträufeln.

SCHAFFRISCHKÄSE MIT MOHNÖLPESTO

ZUTATEN FÜR 4 PERSONEN

- 3 EL gemahlener Graumohn
- ⅛ l Mohnöl
- Geriebener Parmesan
- Kräutersalz und Petersilie
- 2 Rollen Schaffrischkäse
- ½ kg Paradeiser
- Gartensalate je nach Saison

ZUBEREITUNG

Für das Mohnölpesto den gemahlenen Graumohn mit dem Mohnöl vermischen. Anschließend geriebenen Parmesan nach Geschmack beimengen und mit Kräutersalz und Petersilie würzen.

Schaffrischkäse und Paradeiser in Scheiben schneiden, mit Mohnölpesto beträufeln und mit Saisonsalaten anrichten.

SCHAFKÄSETERRINE
MIT GRAUMOHN

- 1 kg Schaf-
  frischkäse
- 50 g Waldviertler
  Graumohn
- 12 Blatt Gelatine
- 250 g Schlagobers
- Salz, Pfeffer,
  Kräuter nach
  Wahl (Schnitt-
  lauch, Petersilie,
  eventuell
  kleingehackte
  Jungzwiebel)

ZUBEREITUNG

Schaffrischkäse verrühren, würzen,
Kräuter beimischen, Waldviertler
Graumohn dazugeben, Schlagobers
schlagen. Gelatine in kaltem Wasser
aufweichen und lippenwarm mit der
Schafkäsemasse und Schlagobers
verrühren.

Eine Terrinenform mit Klarsichtfolie
auslegen, die Masse einfüllen und
5 Stunden kalt stellen.

Stürzen, in Scheiben schneiden und
z. B. mit Salat und Mohnöl anrichten.

MOHNKÄSE IM SPECKMANTEL AUF BLATTSALAT

ZUTATEN FÜR 4 PERSONEN

- 250 g Mohnkäse
- 5 Scheiben Speck
- Blattsalat
- Essig, Mohnöl, Salz, Zucker für Dressing
- etwas Öl zum Anbraten
- Blattsalat

ZUBEREITUNG

Mohnkäse in Scheiben schneiden, in Speck einwickeln und in einer Pfanne mit heißem Öl kurz anbraten Auf gut mariniertem Blattsalat anrichten.

GRAUMOHN-TOPFENTASCHERL

ZUTATEN FÜR 4 PERSONEN

Zutaten Teig:
- 250 g Topfen
- 130 g Mehl
- 20 g Graumohn
- 1 Ei
- Salz

Zutaten Fülle:
- 150 g Topfen
- 1 EL Sauerrahm
- 1 EL Joghurt
- Salz, Pfeffer, gehackte Kräuter

ZUBEREITUNG

Alle Zutaten für den Teig sowie für die Füllung jeweils miteinander vermengen. Teig ausrollen, circa 7 cm große Kreise ausstechen, die Tascherl befüllen, zusammenklappen und gut verschließen. Tascherl in kochendes Salzwasser einlegen und etwa 6 Minuten ziehen lassen. Die Tascherl herausnehmen und gut abtropfen lassen. Auf einem Teller anrichten, mit zerlassener Butter beträufeln, mit Mohn bestreuen und mit Schnittlauch anrichten. Grünen Salat dazu reichen.

WELSFILET
IN WEISSMOHN GEBACKEN

**ZUTATEN FÜR
4 PERSONEN**

Welsfilet:
- 800 g Welsfilet
- 1 Zitrone
- Ei, Mehl,
  Semmelbrösel
  und gemahlener
  Weißmohn zum
  Panieren

Kräutersauce:
- Mayonnaise
- Sauerrahm
- Etwas Joghurt
- Essiggurkerl
- Salz, Pfeffer
- ½ Zwiebel
- gehackte Kräuter

Petersilerdäpfel:
- Erdäpfel
- Petersilie

ZUBEREITUNG

Welsfilet salzen und mit Zitrone
beträufeln.
Mit Mehl, Ei und Weißmohnbrösel
(vermischt aus 1/3 Semmelbrösel
und 2/3 gemahlenen Weißmohn)
panieren.
In Fett herausbacken und mit
Petersilerdäpfeln, Kräutersauce und
Zitronenscheiben servieren.
Für die Kräutersauce Mayonnaise,
Sauerrahm, etwas Joghurt, Salz und
Pfeffer verrühren. Essiggurkerl
und Zwiebel würfeln und zugeben.
Alles mit frischen Gartenkräutern
abschmecken.

WALDVIERTLER KARPFENFILET IM MOHNMANTEL

ZUTATEN FÜR 4 PERSONEN

- 800 g geschröpftes Karpfenfilet
- 1 Zitrone
- Ei, Mehl, Semmelbrösel und gemahlener Waldviertler Graumohn zum Panieren
- Zitronenscheiben

ZUBEREITUNG

Karpfenfilet salzen und mit Zitrone beträufeln.

Mit Mehl, Ei und Mohnbrösel (vermischt aus 1/3 Semmelbrösel und 2/3 gemahlenen Waldviertler Graumohn) panieren.

In Fett herausbacken und mit Erdäpfelsalat, Kräutersauce (siehe Rezept S. 40) und Zitronenscheiben servieren.

Der Erdäpfelsalat schmeckt besonders gut, wenn Sie ihn mit Graumohnöl marinieren.

Mohnoberstorte

ZUTATEN FÜR CA. 7 TORTENBLÄTTER

- 10 Eiklar
- 200 g Kristall- zucker
- 150 g geriebener Graumohn
- 80 g Mehl
- ¾ l Schlagobers
- Preiselbeerlikör oder Marmelade

ZUBEREITUNG

Eiklar mit Kristallzucker zu steifem Schnee schlagen und das Mohn- Mehl-Gemisch vorsichtig unterheben. Die Masse in gewünschter Torten- größe auf einem Blech gleichmäßig dünn aufstreichen und im vorgeheiz- ten Rohr bei 180 Grad etwa 10 min. backen. Den Vorgang für alle Torten- blätter wiederholen.

Die gebackenen Tortenblätter mit Preiselbeerlikör beträufeln oder mit Marmelade bestreichen und jeweils eine Schicht Schlagobers darauf geben. Blätter übereinandersetzen und mit Schlagobers verzieren. Eventuell mit geriebenem Graumohn bestreuen.

WALDVIERTLER MOHNNUDELN

ZUTATEN FÜR 4 PERSONEN

- ½ kg mehlige Erdäpfel
- 250 g griffiges Mehl
- 30 g Butter
- 1 Ei
- Butter (für die Pfanne)
- Rum
- Waldviertler Graumohn
- Salz, Zucker, Vanillezucker, Staubzucker

ZUBEREITUNG

Am Vortag gekochte mehlige Erdäpfel fein zerdrücken. Mit Mehl, Butter, einer Prise Salz und dem Ei zu einem Teig kneten. Daraus Nudeln formen und circa 10 Minuten langsam kochen lassen. Nudeln abseihen, in zerlassener Butter, Zucker, etwas Vanillezucker und einem Schuss Rum schwenken, genügend geriebenen Waldviertler Graumohn daruntermischen und mit Staubzucker bestreut servieren.

Mohnknödel mit Hollerkoch

Knödel:
- ½ kg gekochte, passierte Erdäpfel
- 250 g Mehl
- 1 Ei, 1 Prise Salz
- 1 EL Butter

Fülle:
- 250 g Graumohn
- 80 g Butter
- 2 EL Zucker
- 1 Pkg. Vanillezucker
- Rum, Zimt, Powidl, Brösel, Butter

Hollerkoch:
- 300 g Holunderbeeren
- ca. ¼ l Wasser
- 3 EL Zucker
- ½ Zimtstange
- 3 Gewürznelken
- ⅛ l Rotwein
- 2 EL Mehl
- 4 EL Obers

ZUBEREITUNG

Aus den Zutaten einen Erdäpfel-Knödel-Teig bereiten. Für die Fülle Butter zergehen lassen und mit den übrigen Zutaten vermengen.

Den Teig in etwa 12 Stücke teilen, flachdrücken, füllen und zu Knödeln formen. In Salzwasser ungefähr 8 Minuten leicht kochen lassen. Brösel in Butter anrösten und die fertigen Knödel darin wälzen.

Für den Hollerkoch Holunder mit Wasser, Zimtstange, Gewürznelken und Zucker aufkochen; Mehl in Rotwein einrühren und der Holundermasse beigeben. Einige Minuten weiterkochen lassen und abschließend mit Obers verfeinern.

Die Knödel anrichten, mit Staubzucker bestreuen und mit Hollerkoch servieren.

WEISSMOHNAUFLAUF
MIT WARMER KIRSCHSAUCE

**ZUTATEN FÜR
4 PERSONEN**

Weißmohnauflauf:
• 1 Semmel
• ¹⁄₁₆ l heiße Milch
• 70 g warme Butter
• 20 g gesiebter
  Staubzucker
• 3 Dotter
• 3 Eiklar
• 50 g Kristallzucker
• 70 g gemahlener
  Weißmohn
• 20 g Brösel

Kirschsauce:
• 300 g Kirschen
• 0,2 cl Kirschlikör
• Zucker, Maizena
• Orangen- und
  Zitronensaft,
  Rotwein

ZUBEREITUNG

Semmel in Milch einweichen. Butter mit Staubzucker schaumig rühren, dann Dotter einrühren. Passierte (ausgekühlte) Semmel dazugeben und steif geschlagenen Schnee aus Eiklar und Kristallzucker gemeinsam mit der Mohn-Brösel-Mischung vorsichtig unterheben.

Die Masse in eine gefettete und mit Zucker bestreute Wasserbadform füllen und im Wasserbad bei 200 Grad etwa 45 Minuten garen.

Für die Sauce Kirschen entkernen, mit etwas Wasser, Zucker nach Belieben, Kirschlikör, etwas Orangensaft, Zitronensaft und Rotwein kurz aufkochen lassen und mit einem Löffel Maizena binden. Den Auflauf stürzen, mit warmer Kirschsauce, Schlagobers und Weißmohn anrichten.

„Mohn im Hemd"

ZUTATEN

- 1 Semmel
- 20 ml Milch
- 70 g Butter
- 70 g Kristallzucker
- 3 Dotter
- 3 Eiklar
- 70 g Graumohn
- 20 g Brösel
- Vanillezucker und Zitronenschale

ZUBEREITUNG

Semmel in heißer Milch einweichen. Butter mit 1/3 des Zuckers und Dotter schaumig rühren. Passierte Semmel dazugeben und steif geschlagenen Schnee aus Eiklar und restlichem Zucker gemeinsam mit Mohn-Brösel-Mischung vorsichtig unterheben. Vanillezucker und Zitronenschale nach Belieben hinzufügen.

Die Masse in eine gefettete und mit Brösel bestreute Wasserbadform füllen und im Wasserbad bei 200 Grad ungefähr 45 Minuten garen.

Den Kuchen stürzen und mit warmer Schokoladensauce und Schlagobers anrichten.

Original Neuwiesinger's Mohnzelten

ZUTATEN FÜR CA. 15 MOHNZELTEN

Teig:
- 300 g mehlige, kalte Waldviertler Erdäpfel (passiert)
- 500 g glattes Mehl
- 250 g Fett
- 2 EL Sauerrahm
- 2 Eier
- 1 Pkg. Trockengerm
- ½ TL Salz

Mohnfülle:
- 400 g Waldviertler Graumohn
- 120 g Kristallzucker
- ½ EL Vanillezucker
- 1 EL Honig
- 2 cl Rum
- ¼ l Milch
- 80 g zerlassenes Fett

ZUBEREITUNG

Alle Zutaten für den Teig gut kneten und in 15 gleiche Stücke teilen. Alle Zutaten für die Fülle gut verrühren (eventuell einige Stunden vorher zubereiten und kalt stellen), 15 gleich große Knödel formen (am besten verwendet man dafür einen Eisportionierer).

Vorbereitete Teigstücke mit einem Mohnknödel füllen, auf das Blech legen und flach drücken.

Im Rohr bei ungefähr 250 Grad Ober- und Unterhitze 10 Minuten backen, danach umdrehen und weitere 10 Minuten fertig backen.

MOHNLEBKUCHEN

ZUTATEN

- 310 g Roggenmehl Type 960
- 220 g brauner Zucker
- 80 g Waldhonig
- 30 g Lebkuchen-gewürz
- 1 TL Speisesoda
- 150 g gemahlener Weißmohn
- 2 Eier
- verschlagenes Ei zum Bestreichen

ZUBEREITUNG

Eier, Waldhonig, brauner Zucker und Lebkuchengewürz schaumig rühren. Danach das mit Weißmohn und Natron vermischte Roggenmehl gut einarbeiten.

Den Teig am besten 24 Stunden im Kühlschrank rasten lassen.

Nicht zu dünn ausrollen, Lebkuchen ausstechen, mit verschlagenem Ei bestreichen und im Backrohr bei 180 Grad circa 12 Minuten backen.

Nach dem Auskühlen kann der Mohnlebkuchen noch mit Spritz-glasur dekoriert werden.

Der Lebkuchen eignet sich auch als Christbaumdekor.

ERDBEERMARMELADE
MIT WALDVIERTLER GRAUMOHN

ZUTATEN

- 1 kg Erdbeeren
- Gelierzucker
- 6 EL Mohn

ZUBEREITUNG

Erdbeeren waschen, in kleine Stücke schneiden, weichkochen und mit einem Mixstab pürieren. Gelierzucker im Verhältnis 1:3 (0,3 kg Zucker) hinzufügen, 7 bis 9 Minuten sprudelnd kochen lassen, gemahlenen Mohn hinzugeben und noch 1 Minute weiterkochen. Gelierprobe machen und noch heiß in vorbereitete Gläser füllen und gut verschließen.

Mohn-Vanillekipferl

ZUTATEN

- 200 g Butter
- 250 g griffiges Mehl
- 100 g geriebener Graumohn
- 70 g Staubzucker

ZUBEREITUNG

Mehl und Butter abbröseln und mit den restlichen Zutaten rasch zu einem Teig verarbeiten.
Mehrere Rollen formen, kleine Stücke abschneiden und zu Kipferl formen.
Die Kipferl bei 160 Grad circa 10 Minuten backen und dann in Vanille- und Staubzucker wälzen.

Mohnhusaren

ZUTATEN

- 220 g Mehl
- 160 g Butter
- 80 g Zucker
- 150 g gemahlener Graumohn
- 2 Eidotter
- 40 g Vanillezucker
- Zitronenschale, Zimt, Salz
- Powidlmarmelade

ZUBEREITUNG

Butter mit Zucker, Vanillezucker, Zitronenschale, Zimt und Salz schaumig rühren. Eidotter, Mehl und Graumohn dazugeben und rasten lassen. Nussgroße Kugeln formen. Vertiefung eindrücken, bei 200 Grad circa 15 Minuten backen. In die Vertiefungen gleich nach dem Backen Powidlmarmelade, eventuell mit Zitronensaft verfeinert, einfüllen.

Pflegeprodukte

MOHNPEELING

ZUTATEN

- 6 EL Graumohnöl
- 2 EL Waldviertler Graumohn, gemahlen
- 1 EL Waldviertler Graumohn, ungemahlen

ZUBEREITUNG

Alle Zutaten miteinander vermengen. Für ein stärkeres Peeling etwas mehr ungemahlenen Mohn hinzufügen.

ANWENDUNG

Das Peeling mit kreisenden Bewegungen auf den ganzen Körper auftragen, Gesicht und empfindliche Körperstellen aussparen.
Das Peeling als Maske einwirken lassen und nach etwa 15 Minuten abwaschen.
Das Peeling verleiht ein angenehm weiches Gefühl auf der Haut.

Mohnmaske für das Gesicht

ZUTATEN

- 2 Rippen Voll-milchschokolade mit Graumohn
- 1 EL Waldviertler Graumohnöl
- 1 kleiner Apfel
- 2 gehäufte TL Waldviertler Graumohn, gemahlen

ZUBEREITUNG

Die Schokolade in einem Wasserbad langsam erhitzen. Den Apfel währenddessen reiben und mit dem Öl und dem Mohn vermengen. Die flüssige Schokolade hinzufügen, bis eine homogene Masse entsteht.

ANWENDUNG

Die Maske auf Gesicht, Hals und Dekolleté auftragen und ungefähr 15 Minuten einwirken lassen. Mohn, Öl und Schokolade wirken porenverfeinernd und haben einen angenehmen Duft. Die Maske mit warmen Wasser abnehmen.

Mohn-Sauna-Peeling

In einer Schüssel die gewünschte Menge Mohn-Sauna-Peelingsalz mit Graumohnöl zu einer weichen, streichfähigen Masse vermengen. Vor dem Sauna-Aufguss den Körper damit einreiben. Vorsicht bei den Augenpartien. Nach dem Aufguss verleiht das Peeling dem Körper eine samtig weiche Haut.

„Mohn Amour" Mohnölhautcreme

Die Mohnölhautcreme basiert auf Mohn- und Avocadoöl sowie auf Joghurtbasis. Sie ist zur täglichen Pflege für raue und strapazierte Haut an Händen und Füßen bestens geeignet. Die Creme zieht schnell ein und macht die Haut glatt und geschmeidig, eine Wohltat für den Körper.

Weitere Pflegeprodukte kann man in der Pflegeserie „Mohn Amour" entdecken. „Mohn Amour" ist ein Wortspiel, das die Verbundenheit zum Waldviertler Graumohn widerspiegelt und die besonders wohltuende Wirkung des Mohns zum Ausdruck bringt.

Über die Autorinnen

....

Monika Kipfelsberger hat es durch die Liebe nach Arm-
schlag im Waldviertel verschlagen, das seit 27 Jahren als
Mohndorf bekannt ist. Die Begeisterung für den Mohn und
seine Produkte hat sie dazu bewegt, das zusammengetragene
Wissen aus dem Mohndorf gemeinsam mit den erfahrenen
Mohnwirtsleuten in dieses Buch zu packen.

Rosemarie Neuwiesinger, die Mohnwirtin aus dem Mohndorf Armschlag, hat sich auf der kulinarischen Seite ganz
dem Mohn verschrieben. Seit vielen Jahren werden von ihr
viele Gerichte von Mohnschöberlsuppe bis hin zu Karpfen
in der Mohnkruste oder handgewuzelte Mohnnudeln zube-
reitet und im Mohnwirtshaus angeboten.

© 2016 Servus bei Benevento Publishing, eine Marke der Red Bull Media House GmbH, Wals bei Salzburg · Alle Rech-
te vorbehalten, insbesondere das des öffentlichen Vortrags, der Übertragung durch Rundfunk und Fernsehen sowie
der Übersetzung, auch einzelner Teile. Kein Teil des Werkes darf in irgendeiner Form (durch Fotografie, Mikrofilm
oder andere Verfahren) ohne schriftliche Genehmigung des Verlages reproduziert oder unter Verwendung elektro-
nischer Systeme verarbeitet, vervielfältigt oder verbreitet werden. Titelsatz aus einer Kalligrafie von Karl Starzer, Satz
aus der Hoefler Text und The Sans · Medieninhaber, Verleger und Herausgeber: Red Bull Media House GmbH ·
Oberst-Lepperdinger-Straße 11–15 · 5071 Wals bei Salzburg, Österreich · Gestaltung und Satz: graficde'sign. pürstinger,
Alex Stieg · Bilder: Cover: Michaela Gabler · Innenteil: S. 6, 10, 16, 18, 23, 29, 60 Mohndorf Armschlag/Stephan Dole-
schal; S. 24, 30, 33, 35, 37, 39, 41, 43, 45, 47, 49, 51, 53, 55 Mohnwirt Neuwiesinger/Martin Rehberger; S. 14, 20 Mohndorf
Armschlag/Walter Weiß; S. 58 Mohndorf Armschlag/Stefan Hörth · Druck und Bindung: Druckerei Theiss

Printed in Austria
ISBN 978-3-7104-0101-5
1 2 3 4 5 6 7 8 / 19 18 17 16